DON BOSCO
VERLAG

ELMAR GRUBER

Der Rosenkranz

Stationen des Glaubens

DON BOSCO VERLAG

Die Deutsche Bibliothek — CIP-Einheitsaufnahme

Gruber, Elmar :
Der Rosenkranz : Stationen des Glaubens / Elmar Gruber.
— 7., veränd. Aufl. — München : Don-Bosco-Verl., 1992
    ISBN 3-7698-0724-3

7. veränderte Auflage 1992 / ISBN 3-7698-0724-3
© by Don Bosco Verlag, München
Umschlaggestaltung: Felix Weinold, Schwabmünchen
Gesetzt in der Garamond
Gesamtherstellung: Salesianer Druck, Ensdorf

Inhalt

Einführung

Das Rosenkranzgebet ist eine Urform christlicher Meditation. Es ist zwecklos, *über* den Sinn des Rosenkranzgebetes zu diskutieren, denn der Sinn des Rosenkranzgebetes erschließt sich einem erst beim Beten selbst.

Die Erfahrung des Rosenkranzgebetes zeigt, daß der Beter unmittelbar in Berührung kommt mit den Grundvorgängen des erlösten Menschseins: leben, sterben und auferstehen.

Durch die meditative Er-Innerung an bestimmte Schwerpunkte („Geheimnisse") im Leben Jesu und Mariä wird ein Zugang zu praktischer Glaubenserfahrung möglich, die uns jene Hoffnung schenkt, die wir brauchen, die wir aber rein verstandesmäßig nicht gewinnen können. Wir tauchen ein in das Leben Mariä und werden dadurch geöffnet für das Tun Gottes, das in Maria zeichenhaft verwirklicht ist. Wir tauchen ein in das Leben Jesu und dadurch in den Mittelpunkt unserer Heilsgeschichte.

Gewiß wirkt das Rosenkranzgebet nicht wie ein Zaubermittel oder wie eine Droge. Und nicht für jeden ist der Rosenkranz von vornherein ein geeignetes Gebet. Andererseits aber ist das Rosenkranzgebet eine so vielfach bewährte Hilfe, um in die Tiefe des Lebens zu kommen, daß es sinnvoll ist, sich darum zu bemühen und einen Zugang zu suchen.

Die ständige Wiederholung des Ave Maria ist zu verstehen wie eine Bohrung in die Tiefe. Die Sätze werden dabei nicht durch*dacht* in dem Sinn, daß wir die Aktiven wären; wir lassen vielmehr die Worte und Sätze selbst aktiv werden, indem wir uns ihnen aussetzen in Erwartung und Offenheit.

Für die Wiederholung des „Vaterunser" zwischen den einzelnen Gesätzen gilt dasselbe.

Durch die Verknüpfung von je zehn Ave Maria mit einem „Rosenkranzgeheimnis" wird zusätzlich eine Konzentration auf entscheidende Lebens- und Glaubenswirklichkeiten ermöglicht.

Durch seinen Rhythmus bringt das Rosenkranzgebet Gleichmaß und Ruhe ins Leben. Dies erleichtert das Loslassen und das Sich-fallen-Lassen in der Hetze und in den Zwängen des Alltags. Diese Tiefenwirkung wird durch das gemeinsame Beten erleichtert und verstärkt. Man fühlt sich geeint und geborgen in der Gruppe der Beter durch die Stimmfühlung mit den anderen. Im Wechselgebet werden schließlich weitere Erfahrungen lebendig: ansprechen und angesprochen sein; sich aus-sprechen und gehört (erhört) werden; eins werden durch Gott, auf den wir uns besinnen.

Die folgenden Meditationen sprechen die wesentlichen Vorgänge unseres Menschseins an, die von Gott her ermöglicht werden. Sie wollen dazu verhelfen, daß das Rosenkranzgebet tiefer, lebendiger und fruchtbarer wird. Auch wenn jemand keinen Zugang zum Rosenkranzgebet findet oder diesen Zugang gar nicht sucht, wird er durch diese Meditationen und Gedanken eine Hilfe finden zur gläubigen Bewältigung des Lebens.

– Man kann die Texte verwenden zur privaten Meditation; nur kleine Abschnitte lesen, auf längere Zeit verteilen.
Man kann dazu den Rosenkranz, das entsprechende Gesätzchen oder „nur" ein Ave Maria beten.

– Wer es gewohnt ist, regelmäßig mit einer Gruppe den Rosenkranz zu beten, kann durch private Meditationen das Rosenkranzgebet vertiefen.

– Der „Vorbeter", der verantwortlich ist für das Rosenkranzgebet einer Gruppe, findet in diesem Büchlein sicher immer wieder einige Abschnitte oder Gedanken, die ihn gerade besonders ansprechen und die er dann seiner Gruppe mitteilen kann. Es ist wichtig, einer Gruppe immer nur ganz wenige meditative Gedanken vorzutragen, die einen selber bewegen, und reichlich Pausen zum Besinnen und Nachvollziehen zu geben.

– Es gibt besondere Feste und Zeiten, die der Marienverehrung gewidmet sind (z.B. Mai, Oktober; Allerseelen, Advent). Wer Marienandachten oder Rosenkranzandachten zu gestalten hat, soll in diesem Buch Anregung und Hilfe finden. Durch die Gliederung nach den Rosenkranzgeheimnissen sind die Meditationen auch hilfreich zur Gestaltung von Zyklen.

– Mancherorts wird in den Gemeinden bei verschiedenen Anlässen, z.B. bei einem Sterbefall, der Rosenkranz gebetet. Das Buch enthält viele Gedanken, die zur Gestaltung des Rosenkranzgebetes in besonderen Situationen und zu bestimmten Anlässen herangezogen werden können.

– Schließlich wollen die folgenden Meditationen auch eine Predigthilfe sein für die lebensnahe Gestaltung von Einzelpredigten und Predigtzyklen zu Themen, die in den Rosenkranzgeheimnissen angesprochen sind.

Das Rosenkranzgebet – eine Urtherapie

Lange bevor es die „Psychologie" und die „Psychothera-
pie" gab, gab es die Menschen, das menschliche Leid und
den Rosenkranz. Alle Versuche, das Leid zu beseitigen,
scheitern letztlich auch heute trotz einiger äußerer Er-
folge. Angst, Schuld, Verlust, Krankheit und Tod, Enttäu-
schungen aller Art sind nicht aufzuheben. Leid wird
schließlich nicht bewältigt durch Beseitigung, sondern
durch die Freude, die in das Leid hineinkommt. Die leid-
bewältigende Freude ist nicht irgendeine Freude, sondern
das tiefe Bewußtsein und Überzeugtsein, bedingungslos
und ewig geliebt und angenommen zu sein. Dieses Bewußtsein kann das Rosenkranzgebet vermitteln. Der Ansatz dieses Prozesses liegt im Unbewußten und Unterbe-
wußten. Dies erklärt die Notwendigkeit des Mantragebe-
tes mit den ständigen Wiederholungen, die zur Wirkung
des Gebetes notwendig sind.

Im Rosenkranzgebet – ebenso in der Kurzform des „Engel
des Herrn" – wird die ganze Marienwirklichkeit und das
Marienphänomen „er-innert". Das heißt, ich trete bei der
Marienmeditation ein in die heilenden Taten Gottes und in
die heilenden Reaktionen des Menschen. Beides kann auch
mich heilen, wenn ich versuche, mich im Rosenkranzgebet
(Engel des Herrn) unbewußt und bewußt darauf einzulassen. Wenn ich die generelle Absicht habe, mich darauf einzulassen, dann haben die Worte ihre Wirkung, auch wenn
ich nicht jedes Wort „andächtig" (d.h. bewußt) bete. Im
Gegenteil: Die Wirkung des Rosenkranzgebetes liegt gerade darin, daß ich zum „Abschalten" des wachen Be-
wußtseins und der Außenwelt gelange, und mich in einer
gewissen Trance der letztlich unsagbaren heilenden Wirklichkeit Gottes zuwende, die in Maria „zur Stelle" ist. Nun
soll mir aber das heilende Wirken Gottes auch voll zum

Bewußtsein kommen. So ist es nötig, immer wieder über die Inhalte des Rosenkranzgebetes „nach"-zudenken, damit mir die Taten Gottes auch in meinem Leben immer mehr „aufgehen" und damit meine Bereitschaft zum Glauben zunimmt.

Der Hauptbestandteil des Rosenkranzgebetes ist das „Gegrüßet seist du, Maria". In ihm sind die entscheidenden heilenden Impulse konzentriert eingeborgen. Im Lukasevangelium finden wir das ausgeführt, was im „Gegrüßet seist du, Maria" zusammengefaßt ist. Im folgenden werden mit Hilfe des Lukasevangeliums (Lk 1,26-56) einige Momente meditiert, die das Rosenkranzgebet noch fruchtbarer machen sollen.

Der Engel trat bei ihr ein

Bei mir ist etwas eingetreten,
ein Mensch –, ein Ereignis tritt in mein Leben,
freudig oder schmerzlich, angenehm oder beschwerlich –
so oder so – alle sind Boten Gottes,
die mir ankündigen,
daß Er jetzt in mein Leben treten will.
Gott kommt auf mich zu;
er geht auf den Menschen, auf die Menschheit ein.

Gegrüßet seist du

Ich bin angesprochen, angeschaut und wahrgenommen.
Im Gruß erlebe ich Ansehen, Erkennung, Anerkennung.
Ich bin einmalig in den Augen Gottes.
Ich bin wichtig, wichtig für Gott.

Jeder, der mich grüßt, ist Bote Gottes;
und wenn ich grüße, bin ich Bote Gottes.
Ich bin Gott willkommen.

Der Herr ist mit dir

Du bist „be-gnadet";
du stehst ganz in der Liebe Gottes.
Du sollst spüren, daß dich nichts trennt
und trennen kann von der Liebe Gottes.
Wenn du dich von Gott rundherum
und ganz und gar geliebt weißt, –
wenn du nicht mehr zweifelst,
ist alle Sünde aufgehoben,
dann bist du erlöst.
Du bist total geliebt,
du bist Gottes „heißer Typ".

Maria erschrak

Gott kommt im Augenblick,
wenn wir nicht damit rechnen.
Er durchbricht das Gewohnte, Gewöhnliche, Normale.
Wenn ich erschrecke,
muß ich damit rechnen,
daß etwas ganz anderes, Neues,
in mein Leben einbricht,
das mein Leben total verändern wird.
bei allem „Schrecklichen"
kann ich
und muß ich
nur mehr auf Gott vertrauen.

Du wirst ein Kind empfangen

In dir entsteht etwas ganz Neues,
ein neues Leben, eine neue Hoffnung, eine neue Zukunft,
die du nicht machst und machen kannst.
In dir nimmt Gott Gestalt an.
Gott will ganz in dir sein
und durch dich zur Welt kommen.

Wie soll das geschehen

Ich kann mir nicht, noch nicht, vorstellen,
wie aus meiner Lebenssituation
das werden kann, was Gott will,
und was ganz das Meinige ist.
Sich ändern, sich auf Gott einlassen ist ein Prozeß,
bei dem ich viel loslassen muß:
lieb gewordene Gedanken, Vorstellungen, Pläne.
Ich muß mein Selbstvertrauen überschreiten
hin zum Gottvertrauen.
Meine Lebenssicherheit liegt nun bei Gott,
dem ich vertraue,
nicht mehr bei mir selbst.
Es gibt vieles im Leben,
das ich nur annehmen kann in „blinder" Liebe,
wenn ich mich total geliebt weiß von Gott.
Gott mutet mir das zu;
denn das Glück, total geliebt zu sein,
ist erst dann vollendet,
wenn ich mich ganz auf Gott eingelassen habe.

Bei Gott ist kein Ding unmöglich

Gott kann alles brauchen und „ver-werten",
meine Fähigkeiten und Unfähigkeiten;
er kann mich so brauchen wie ich bin.
Ich muß mich ihm nur ganz hingeben
mit meinem Leben, auch wenn es noch so chaotisch wäre.
Er bringt die Wüste zum Blühen,
auch die Wüste meines Lebens.
Gott ist all-mächtig:
Er ist über-all, – über dem All mächtig
und im All.
Gott ist in allem mächtig,
im Guten aber auch im Bösen;
Nichts kann sich seiner Macht,
der überwältigenden Liebe, entziehen.

Mir geschehe

Die größten Worte, die ein Mensch sprechen kann:
die Ein-willigung in Gott.
Im Gewissen spüre ich
den Willen Gottes, als den zutiefst eigenen Willen.
Die Spaltung liegt in mir selbst:
ich „möchte" oft ganz anderes,
als ich „eigentlich" will.
Sehr oft tue ich auch etwas ganz anderes,
als ich „eigentlich" will.
Einwilligung in Gott im Vertrauen auf ihn
ist immer Einwilligung in sich selbst:
die wahre Selbstverwirklichung.

Ich muß mich in Gott fallen lassen,
erst dann kann ich spüren,

daß Er mich trägt.
Er trägt mich auch
in „verfahrenen" und ausweglosen Lebenssituationen.
In jeder Weglosigkeit
steht der Weg nach oben offen.

Sie machte sich auf

Wer sich auf Gott einläßt,
läßt sich auf einen Weg, einen Prozeß
(= auf ein Voranschreiten) ein;
er muß Weg gehen, weggehen vom Alten,
um im Neuen anzukommen.
Dieser Weg führt durch Bergland und Wüste:
Im Auf und Ab des Lebens
in den Wüsten meines Lebens,
muß sich mein Glaube bewähren,
indem ich mich immer wieder neu, –
täglich, ja stündlich auf Gott einlasse.
So muß ich meinen Glauben „be-wahren",
d.h. wahr und wirklich machen.
Wenn ich auf Gott vertraue,
weiß ich immer, daß ich ankomme,
wenn auch oft ganz woanders,
als ich es vermutet habe.
Letztlich ist nur entscheidend,
daß ich zu Gott und zu mir selber komme.

Wer bin ich

Ankunft, Begegnung, Erkennung.
In der Begegnung mit dir
oder mit irgendeinem Geschöpf

begegne ich mir selbst:
Ich erfahre Bestätigung
Selbst-Bestätigung.
Ich muß immer wieder
ab-kommen, gehen und an-kommen,
damit sich Begegnung neu ereignen kann.
Wer ich bin, erfahre ich durch dich;
Menschen lernen sich in ihren Re-aktionen kennen.

Selig, die geglaubt hat

Irgendwann kommt die Bestätigung,
daß sich das Glauben „lohnt", –
daß das Glauben und der Glaube
zu einer Lebensqualität führen,
die unzerstörbar ist.
Wer Gott, wer die Freude
in sich hat, ist ganz frei geworden.
Er muß nichts mehr haben,
weil er alles in sich hat.
Der Lohn des Glaubens
ist der Glaube selbst.
Der Glaubende kann mit unlösbaren
Fragen und Problemen leben;
es muß nicht mehr alles aufgehen,
alles kann so sein wie es ist.

Hochpreiset meine Seele den Herrn

Jubel und Freude,
weil sich Gott bei mir
„ein-gesetzt" und „durch-gesetzt" hat.
Nicht mehr ich lebe –

Gott lebt in mir:
Gott hat mich mir gegeben;
ich bin eins mit ihm geworden.
Er hat mich getragen,
weil ich ihn und seine Zumutung
angenommen und ertragen habe.

Großes hat getan der Mächtige

Gott tut immer Großes,
auch im Kleinen.
Er tut Gutes,
auch im Bösen.
Er schafft die Freude,
auch im Leid.
Er ist das Licht
in jeder Finsternis,
auch wenn ich das Licht
noch nicht sehen kann.
Er ist das Leben
in jedem Tod,
auch wenn ich meine Tode
noch nicht gestorben bin („er-storben" habe).

Mensch werden –
das Rosenkranzgeheimnis

Empfangen

Maria hat empfangen:
die Botschaft, das Kind, Gott selbst.
Durch ihre Offenheit
tritt Gott in unser Menschsein.

Empfangen können ist Freiheit.
Empfangen ist Erfüllung, Glück.
Ich bin nicht offen zum Empfangen,
wenn ich alles von mir selbst erwarte:
wenn ich mein Leben und mein Glück
aus mir selber produzieren will.
Das Verlangen nach Garantie und Sicherheit
nimmt mich gefangen
und trennt mich
vom Ursprung des wahren Glücks.

Das ist das Wesen aller Sünde:
nicht mehr empfangen können,
weil man selber alles machen will.
Ich will unabhängig sein:
In dem Moment bin ich mir selber ausgeliefert.
Ich bin wie ein Brunnentrog,
der sich selbst zur Quelle machen will
und augenblicklich hoffnungslos vertrocknet.

Der Mensch in Sünde hat nur sich selbst,
worauf er sich verlassen kann;
deshalb ist er ja verlassen.
Alles kehrt sich um ins Gegenteil.
Im Glück, da ist mein Sein ein Dürfen:

Ich *darf* sein,
weil ich den habe, der mich sein *läßt*.
Wenn ich mich jedoch von ihm entferne,
von ihm, der mich sein *läßt* durch sein Liebe,
dann bin ich allein und isoliert.
Ich kann mich nicht selber lieben,
so daß ich glücklich wäre.
Das Dürfen verkehrt sich jetzt zum Müssen.
Das Leben-Dürfen wird zum Leben-Müssen,
und das Leben-*Müssen* kann sich steigern
bis zum Nicht-mehr-leben-Können.

So werden auch die Dinge lästig,
wenn ich sie nicht mehr als Geschenk empfange;
ich *muß* sie haben,
und deshalb machen sie nicht glücklich.
Das Haben-Dürfen wird zum Haben-Müssen.
Ich muß bewerten,
nach dem Maßstab meiner Zwecke.
Der strahlend gelbe Löwenzahn wird Unkraut,
weil er im Gemüseacker wächst;
mich stechen plötzlich Dornen, Disteln,
weil mir zu ihnen die Beziehung fehlt.

Das Tun-Dürfen wird zum harten Muß der Arbeit,
wenn die Kraft der Liebe fehlt,
die ich nicht machen,
sondern nur empfangen kann.
Ich muß selber sorgen
und gehe unter in der Selbst-Versorgung,
weil ich nichts mehr geschehen lassen kann.

In meinem Egoismus
sind schließlich auch die anderen Menschen,
die *da* sind oder erst entstehen,
nicht mehr „Empfängnis" und Geschenk,
sondern Produkt und Gegenstand der Nutzung.

Der Mensch, des Menschen Glück,
wird nun sein schlimmster Feind.

Empfangen heißt: sich öffnen
wie eine Schale, Lilie, wie ein Kelch,
und sich erfüllen lassen.
Empfangen heißt: ja sagen
zur Quelle, zur Mitte, die ich nicht selber bin.
Empfangen heißt: geschehen lassen,
wo es um das Eigentliche geht:
um Leben, Glück und Liebe.

GEBET

Maria, sünde-los,
du bist die Empfangende,
du hast dir geschehen lassen nach *seinem* Wort,
du bist die Erfüllte – „voll der Gnade".
Bitte für mich.

Tragen

Maria trägt das ewige Wort,
das menschliche Gestalt annimmt.
Das Tragen des Empfangenen
macht sie zu dem, was sie ist.
An ihr wird das wahre Menschsein offenbar:
Wahrhaft Mensch sind wir dann,
wenn wir Gott in uns tragen.

Beim Tragen bin ich Gefäß.
Durch das Tragen werde ich zum Träger.
Alles liegt auf mir, hängt in mir.
Was ich trage, ist mir nahe.

Was ich immer trage,
– Menschen, Freude, Leid, unabänderliche Gegebenheiten –
es wird mich zum Guten verändern, verwandeln,
wenn ich es er-trage
und nicht besitzen,
in den Griff bekommen will.

Im Tragen bin ich fruchtbar.
Das, was ich trage, braucht meine Kräfte,
meine Fähigkeiten.
Was ich trage und er-trage,
wird meine Frucht.

Und doch bin ich nicht der Ursprung meiner Frucht;
ich muß sie wachsen lassen.
Im Tragen darf ich *dabei-sein*,
wenn meine Frucht reift.

In diesem Dabeisein
erlebe ich, wo ich bin und wer ich bin,
wo ich dran bin, wie ich dran bin.

Ertragen,
Früchte tragen,
das ist Aufgabe meines Lebens,
– nicht das Fabrizieren.
Werke, Fabrikate sind tot,
Früchte sind lebendig.

Was ich trage und er-trage
nimmt in mir, bei mir, Gestalt an:
Mensch wird Mensch,
Wort wird Fleisch,
Gott wird Mensch.
Zugleich verändert mich die Frucht:
Sie gibt mir Gestalt;
ich nehme Gestalt *an*
in meiner Frucht,
ich präge meine Gestalt nicht selbst.
An den Früchten kann man *mich* erkennen.

Tragen ist keine isolierte Beziehung
zwischen Baum und Frucht,
Mutter und Kind,
zwischen Tragendem und Getragenem.
Der fruchtbare Baum
ist fruchtbar für alle.
Der tragende Mensch
wird erträglich für alle, ja noch mehr:
Er ist beliebt und weckt Freude.
Bei seinem Gruß wird das Kind lebendig,
hüpft das Kind im Menschen.
Umgekehrt erlebe ich am Echo,
was durch mein Frucht-Tragen geschieht
– und was geschehen ist.

Im Tragen ist Hoffnung.
Was ich trage, reift
und läßt mich reifen.

Reifen ist kein langweiliger Ablauf,
sondern ein Geschehen voller Überraschungen.
Jeden Augenblick kommt Neues dazu,
von selber – nicht von mir gemacht.
Jeder Augenblick ist „zu-kommend",
ein neues Geschenk.
Jeder Augenblick ist „Zu-kunft", „Advent".
Zukunft ist zunächst nicht das Morgige,
sondern die Tatsache, daß ich das Jetzige
als „zukommend", als Geschenk erlebe.
Im Glück des Jetzt und Heute
vergehen Angst und Sorge um das Morgen.

GEBET

Maria,
du trägst das ewige Wort als Frucht deines Leibes.
Wo du ankommst, wird die Freude wach.
Du Mensch, voll Hoffnung und Zukunft,
bitte für mich.

Kind sein

Gott schenkt sich uns im Kind –
durch Maria, die uns das Kind geboren hat.

Das Kind, die Frucht des Leibes.
Eine neue Wirklichkeit kommt auf die Welt.
Die ewige Wirklichkeit kommt auf die Welt.
„Dies soll euch zum Zeichen sein:
Ihr werdet ein Kind finden ...“
Das neugeborene Kind
ist Zeichen für Gott.

Man muß ein Kind erleben,
um Gott als Kind erfahren zu können.
Das Kind braucht mich ohne jede Absicht,
es braucht mich ganz, ohne mich auszubeuten.
Das Kind ist einfach da,
ohne zu wissen, ob es aufgenommen wird.
Es ist uns ausgeliefert.
So ist Gott für mich da:
nicht als schreckliche Übermacht;
er ist da als Kind.
Gott ist nie schrecklich;
schrecklich bin ich in meinem Egoismus,
in meiner Sünde, in meinem Herrschaftswahn.

In der Nähe eines Kindes werde ich ein anderer.
Kinder schauen mich an:
Ihre Augen schenken mir An-sehen.
Das Kind hört auf meine Stimme,
es er-hört mich:
Es berührt mich ohne Absicht und Gewalt
und läßt sich von mir berühren,
es spielt mit mir
und hat Zeit für mich,

es läßt mich in seine Nähe
und freut sich, daß ich da bin.
Weil das Kind froh ist über mich,
kann auch ich froh sein,
daß ich da bin.

Wenn ich das Kind trage,
bin ich selbst getragen.
Dort, wo ich gebraucht werde,
wo ich abgehe, wenn ich nicht da bin,
wo mein Dasein Freude schenkt,
dort ist mein Platz, meine Wohnung.
Das Kind schenkt mir dies alles durch sein Dasein.

In jedem Menschen ruht das Kind.
Das Kind weckt das Kind in mir.
Ich werde angerührt, ergriffen;
ich kann wieder lachen und weinen.
Ich kann wieder spielen
und ganz absichtslos da sein.

Das Kind bringt mich auf andere Gedanken;
es zeigt mir durch sein bloßes Sein,
was alles nicht wichtig ist im Leben
und worauf es letztlich ankommt:
spielen, sich an allem freuen können.
Es nimmt mich an,
so wie ich bin.
In seiner Nähe kann ich aus mir herausgehen
und selber Mensch werden.

Das Kind bringt mich wieder auf die Welt,
es macht mir die Welt
wieder zum Paradies.
„Und wäre Jesus tausendmal in Bethlehem geboren
und nicht in dir,
du bliebst doch ewiglich verloren" (Angelus Silesius).

Ein Kind ist uns geboren, – uns allen.
Es ergreift mich, macht mich ergriffen,
und läßt mich wieder an das Gute glauben
in den anderen und in mir selbst.
Ich habe das Kind gefunden,
das göttliche Kind.
Nun bin ich bereit und fähig,
auch in den anderen Menschen das Kind zu suchen,
zu entdecken und zu wecken.

„Ich steh' an deiner Krippe hier,
o Jesu, du mein Leben ..."
An der Krippe werde ich inne,
was Gott getan hat, als er Kind wurde.
Gott wird Mensch,
damit wir – Menschen werden.
Mein Menschsein wird durch das Kind,
durch die Nähe Gottes,
richtig, „gerichtet".

GEBET

Maria,
du hast das Kind geboren,
das uns zu Kindern macht.
Durch dein Kind werden wir erst wahre Menschen.
Maria, du Mutter,
bitte für uns.

Hergeben

Maria hat ihr Kind,
das Geschenk Gottes an sie und uns alle,
im Tempel Gott wieder geschenkt.

Es ist schwer, Dinge, Menschen, ein „Stückchen Welt"
zu haben, ohne sie zu besitzen.
Es liegt in unserer (sündigen) Natur,
daß wir alles, was beglückend auf uns zukommt,
fest umklammern
und nicht mehr loslassen wollen.
Vieles, was wir als Geschenk bekommen,
nehmen wir gleich in Besitz und meinen,
wir hätten einen Anspruch und ein Recht darauf.
Empfangen – Besitzen – Besessen sein,
so vertrocknet oft unser Glück.

Wenn wir etwas hergeben müssen,
Menschen, Dinge, eine liebgewordene Gewohnheit,
erleben wir, wie unfrei wir noch sind.
Die heftige Auflehnung,
die mit Anspruchsdenken untermauert wird,
zeigt, wie sehr das Haben-Müssen
und nicht das Haben-Dürfen unser Leben ausfüllt.
Schon bei der Angst, etwas zu verlieren,
schreien wir nach „Gerechtigkeit"
und kämpfen um Dinge,
die uns eigentlich gar nicht gehören,
sondern nur „geliehen" sind.
Der Verlust ist oft die einzige Möglichkeit,
daß wir das Haben-Dürfen
wieder lernen können.

Andererseits ist das hergeben ein Bedürfnis
des freien, glücklichen, liebenden Menschen.

Hergeben dürfen!
Hergeben, Schenken ist das Erlebnis der Freiheit
und des Angenommen-Seins,
ist Antwort auf das Empfangen-Haben.
Das nur äußere Geben und Zurückerstatten
kann freilich auch das Gegenteil bedeuten:
nicht annehmen wollen, sich nicht beschenken lassen,
die Un-Empfänglichkeit vertuschen wollen.

Was ich gebe und wie ich es gebe,
ist immer ein Zeichen meiner selbst.
Im echten Geben bin ich selbst die Gabe;
ich gebe äußerlich etwas von mir her,
doch eigentlich gebe ich mich selbst.
Die echte Gabe zeigt,
daß ich nichts, auch nicht mich selbst,
besitzen will.

Hergeben ist mit Verzicht verbunden,
mit dem Verzicht auf das Besitzen.
Wir reden häufig auch von „opfern".
Dieses Wort macht deutlich,
daß meine Gabe einen Adressaten hat,
dem ich sie bringe, um sie ihm hin-zugeben.
Ich will mich hin-begeben,
um mich selbst in meiner Gabe hin-zugeben.
Hergeben – Hingeben – Opfern.

Opfern ist nicht jedesmal dasselbe.
Wir unterscheiden zwischen Kain und Abel,
den Opfern, die Gott nicht gefallen,
und denen, die uns mit ihm vereinen.
Abel opfert, *weil* er empfangen hat,
weil er alles, was er hat, sein ganzes Leben,
als Geschenk von Gott betrachtet.
Sein Opfer macht ihn gerecht
und führt ihn in die Nähe Gottes.

Kain ist der andere Typ:
Er opfert aus Berechnung,
er will sich's nicht verderben mit dem Gott,
den er braucht, um seine Ziele zu erreichen.
Abel schenkt sich Gott,
Kain will Gott für sich gewinnen,
deshalb bleibt sein Opfer auch vergeblich.

Wir sind auf das rechte Opfern angewiesen,
damit wir durch das Geben empfangen,
frei und liebend werden.
Im echten Opfer geht mir nichts verloren;
ich habe ja alles von Gott empfangen.
Was ich in Liebe schenke,
schenke ich letztlich wieder Ihm,
und in diesem Schenken
bin ich selber der Beschenkte.

GEBET

Maria,
du opferst dein Kind dem Vater
zum Zeichen, daß du es nicht besitzen willst.
Deine Liebe kennt kein Haben-Müssen.
Maria, du Reine,
bitte für mich.

Wieder finden

Maria findet ihr Kind
und empfängt es neu.

Suchen und finden,
verlieren, suchen, wiederfinden –
Vorgänge, durch die mein Dasein Sinn bekommt.
Ich kann das Leben nicht machen,
ich kann nur auf der Suche nach dem Leben sein –
„lebenslänglich".
Was ich mir nicht selbst herstellen kann,
muß ich suchen und finden:
Liebe, Glück; Gott, den Menschen, – mich selbst.

Jedes Bedürfnis, jedes Leid,
jede Erfahrung: „Mir fehlt etwas"
bringt mich in Gang, macht mich aktiv:
Verhängnisvoll wird diese Aktivität,
wenn ich die Ziele falsch verknüpfe:
wenn ich das *machen* will,
was man nur suchen kann, um es dann „vor"-zufinden,
oder wenn ich das *suchen* und als „Fund" erhalten will,
was ich selber machen muß.
Das Glück des Lebens kann ich nur suchen,
aber die Ordnung, die das Leben braucht,
muß ich schon selbst besorgen.

Wenn ich suche, bin ich bereit,
auch wohin zu gehen,
wo ich nicht von vornherein den Fund vermute.
Die Frau im Gleichnis, die das Geldstück sucht,
stellt ihre Wohnung auf den Kopf,
weil sie im Gewohnten nichts finden kann.
Wer sucht und finden will,
der muß bereit sein,

die Wohnung, das „Gewohnte" umzukehren,
aus-zukehren.

Wer sucht, der findet – sagt Jesus.
Wer nichts findet, muß also weitersuchen,
richtig suchen, woanders suchen,
gerade dort, wo sein Gefühl
das Finden für unmöglich hält.

Manchmal kann ich auch nicht finden,
weil ich mit blinden Augen suche;
ich stehe vielleicht schon vor dem Fund,
sehe ihn – und sehe ihn doch nicht,
weil seine Gestalt mit dem nicht übereinstimmt,
was ich erwartet und mir eingebildet habe.

„... Und nichts zu suchen,
das war mein Sinn."
Mit solchem „Sinn"
kann ich ganz unverhoffte Schätze finden.
„Der Schatz im Acker"
ist ein solcher Fall.
Der Mann wollte gar nicht finden,
sondern ackern oder nur spazierengehen. –
Ich darf damit rechnen,
daß ich etwas Gutes finde,
wenn ich nur das tue,
was der Alltag bringt.

Finden ist ein „gegenseitiges" Erlebnis.
Die (gesuchten) Dinge könnten sagen:
Ich bin auch auf der Suche
nach dem, der mich entdeckt und findet.
Wenn sich Menschen gegenseitig finden,
dann erlebt ein jeder:
Ich habe dich gefunden

und bin von dir gefunden worden.
Ich suche dich als meinen Finder.

In jedem Finden ist etwas,
das mich ergreift:
Gott ist in jedem Finden.
Ich kann Gott in allen Dingen
und in jedem Menschen finden.
Umgekehrt ist *er* es,
der mich in allem und in jedem sucht und findet.
Gott läßt sich finden.
Wenn ich ihn finde,
dann bin auch ich gefunden und geborgen,
nicht mehr verloren.
Gott klagt durch den Propheten:
„Ich war zu finden für euch alle.
Ich schrie: Hier bin ich, hier bin ich,
zu Menschen, die mich nicht suchten,
weil sie ihrem Starrsinn frönten." (Jes 65,1f)

Manches – Dinge, Menschen, Gott –
muß ich vielleicht verlieren,
damit ich es wieder finden kann,
um im Finden das Eigentliche erst zu finden.
Mich selber muß ich immer wieder finden,
damit ich leben kann.

Dem Wiederfinden geht der Trennungsschmerz voraus.
Im Glück des Wiederfindens
schmilzt der vorangegangene Schmerz.
Ich kann vielleicht erahnen,
daß ich ohne diesen Schmerz
nicht bereitet worden wäre
für das neue Finden.
Das neue Finden ist ja keine Wiederholung.
Jedesmal bringt es mehr.
Neues und mehr geht mir auf,

ich werde immer reicher.
Das Warum des Schmerzes
bleibt freilich immer noch bestehen;
ich kann es schließlich nur
in Glaube, Hoffnung, Liebe, – in meinem Glück,
ertragen lernen.

GEBET

Maria,
du hast deinen Sohn verloren und mit Schmerzen gesucht.
Du hast ihn wiedergefunden als den,
der im Haus des Vaters ist.
Maria, du Geduldige,
bitte für mich.

Angst haben

Jesus erleidet unsere Todesangst.

Angst ist das Erlebnis der Unausweichlichkeit.
Gewiß gibt es auch heilsame Ängste,
die mich antreiben und mir helfen,
meine Trägheit zu überwinden.
Hier aber geht es um die Angst, die mich lähmt,
vernichtet und in Verzweiflung stürzt.

Beim Einsatz aller meiner Kräfte
kann ich nicht mehr entrinnen;
ich bin eingesperrt, in der Sackgasse.
Es gibt kein Zurück.
Mit der Angst beginnt das Sterben-Müssen.
Angst treibt das Innere nach außen:
Wasser, Blut – Schwitzen.
In der Angst fängt der Mensch an,
sich aufzulösen.
Der Kern jeder Angst ist Todesangst,
das Wissen, daß es irgendwann und irgendwo
nicht mehr weitergeht
und daß ich mit meinen Kräften nichts vermag.
Lebensangst ist Todesangst,
und Todesangst ist Lebensangst.
Todesangst trübt Lebensfreude,
auch wenn der Tod noch nicht unmittelbar in Sicht ist.

In meiner Angst erlebe ich,
wie sehr ich am Vergänglichen
und an mir selber hänge.
Wenn Gott „mein Alles"
und der Inbegriff des Lebens wäre,
dann hätte ich vor gar nichts Angst
und müßte mir um gar nichts Sorgen machen.

In meinem Leben wird es aber kaum geschehen,
daß Gott mich restlos ausfüllt.
Darum wird auch die Angst
nie ganz verschwinden können.

Der Ursprung der Angst ist unsere Sünde.
„Sünde" ist hier nicht die Summe aller bösen Taten,
sondern das Abgefallen-Sein,
der Verlust der Mitte,
der sich immer dann ereignet,
wenn ich mich selbst zur Mitte mache.
In der Sünde verwandelt sich das Dürfen in das Müssen.
Ich *muß* mein Glück aus eigener Kraft erzwingen,
weil ich es nicht mehr empfange.
In diesem „Muß"
erlebe ich die Ausweglosigkeit,
weil ich nie das schaffen kann,
wozu ich nun gezwungen bin.
Müssen, Wollen und Nicht-Können,
das ist der Ursprung unserer Angst.

Der Tod ist die letzte, absolute Unausweichlichkeit.
Es gelingt dem Menschen höchstens,
den Tod hinauszuschieben.
Doch oft wird mit der Verlängerung des Lebens
auch die Todesangst verlängert.
Wir wollen das Sterben-Müssen nicht ertragen,
bei anderen oft noch weniger
als bei uns selbst.
Bisweilen können wir jedoch erleben,
daß der Tod für manche ein Bedürfnis wird,
daß sie den Tod ersehnen:
nicht aus Verzweiflung, sondern in der Erkenntnis,
daß das Sterben Tor zum eigentlichen Leben ist.
Wer in Sünde ist, *muß* sterben;
wo sich das Sterben-Müssen zum Sterben-Dürfen
wandelt,

verliert der Tod den Stachel,
da ist die Sünde überwunden.

Jesus, der Sündelose, teilt unsere Angst;
er erlebt die Todesangst in der ganzen Wucht der Sünde.
Jesus wollte uns in allem, was er tat,
nahe sein und uns erleben lassen,
daß wir in unserem Sündenschicksal nicht allein sind,
wo es am schwersten auf uns lastet.

Wir isolieren uns von Gott,
rennen in die Sünde
und geraten so in Angst und Tod.
Gott, die Liebe, geht uns nach.
Gott liebt uns nicht aus der Entfernung.
Durch Jesus übernimmt Gott selbst die Rolle,
die wir in unserer Sünde spielen müssen.
Er tritt dorthin, wo wir stehen.
In Jesu Todesangst erleben wir,
wie nah uns Gott gekommen ist.

GEBET

Herr,
du hast alle unsere Ängste
freiwillig auf dich genommen,
damit wir die Nähe deiner Liebe
erleben können.
Erbarme dich unser.

Gequält werden

Es wird erlaubt,
Jesus zu geißeln.

Menschen schlagen Menschen.
Es fehlen weithin jene Hemmungen,
die beim Tier die Aggressionen lenken.
Menschen werden maßlos böse und hassen sich selbst,
wenn sie die Liebe nicht in sich einlassen.
Sie reagieren sich sinnlos ab an den Geschöpfen und an
ihresgleichen,
wenn sie sich überlegen fühlen.
Mit Arglist bauen sie Waffen und Maschinen,
um Terror zu verbreiten.
Die Menschen verstehen es auch,
die andern unsichtbar zu quälen
durch Grausamkeiten, die in die Seele treffen.

Keiner kann sagen: Ich bin nicht böse;
von Haus aus ist jeder Mensch zu allem fähig.
Er sucht nur einen Vorwand, eine Tarnung,
damit er sich im Recht fühlt,
wenn er andere quält.
Das Gesetz, nach dem ein anderer sterben muß,
„erlaubt" ihm, auf den anderen loszugehen.
Wenn das Gesetz und die „gerechten Gründe" fehlen,
die den anderen zum Feind erklären,
dann werden sie bewußt und unbewußt erfunden.

Der Mensch, der keine Liebe hat,
braucht einen Feind,
um rücksichtslos den Egoismus zu entfalten
und schlimmer als ein Tier zu sein.
Wir alle sind nicht reich an Liebe,
darum quälen wir einander.

Durch Recht, Gesetz und Sitte
versuchen wir zwar ein System zu schaffen,
das uns vor uns selber schützen soll.
Doch findet unsere Bosheit immer Möglichkeiten,
sich grausam durchzusetzen
und mit „weißer Weste" Niederträchtiges zu tun.

In Jesus begegnet uns der Mensch,
der uns mit unserer Bosheit ganz an sich heranläßt.
Mit „mehr als zwölf Legionen Engeln"
hätte er sich vor uns schützen können.
Er tat es nicht.
Er liebt uns Menschen ohne Vorbehalt
und setzt sich somit unserer Bosheit aus.
Die wahre Liebe läßt sich geißeln.
Wer liebt, muß leiden können:
Die Kraft zu lieben, ist die Kraft zu leiden.

Ich gehöre auch zu dieser Menschheit,
die er bedingungslos in seine Nähe holt.
Nach unserem Empfinden ist solche Liebe
– die wahre Liebe – unbegreiflich.
Meine Liebe ist meistens dort zu Ende,
wo die wahre Liebe erst beginnt.

Ich fühle mich sofort verletzt
und werde aggressiv,
wenn ich mich ungerecht geschlagen fühle.
Ich kann mir das nicht bieten lassen
und hole aus zum Gegenschlag,
der schlimmer ist als der empfangene.
„Das ist der Fluch der bösen Tat,
daß sie fortzeugend Böses muß gebären."
Die Eskalation des Bösen
kann erst dann zur Ruhe kommen,
wenn sie auf den trifft,
der alles auffängt, ohne sich zu rächen.

So paradox es uns erscheinen mag, so wirklich ist es doch:
In Jesus ist Gott als der sichtbar geworden,
der sich von den Menschen „alles gefallen läßt".
„Sich alles gefallen lassen" legen wir als Schwachheit aus.
Aber gerade in dieser „Schwäche" erweist sich die Kraft
Gottes.
Gott „hat eine Schwäche" für die Menschen.
Die Stärke und Liebe Gottes werden darin sichtbar,
daß er auch „die linke Wange hinhält,
wenn ihn einer auf die rechte schlägt".

Diese Liebe ist entwaffnend,
und nur diese Liebe ist erlösend.
Wahre Liebe ist immer „Feindesliebe",
sie kann erlittene Ungerechtigkeit, Haß und Quälerei
hinnehmen und ertragen.
„Wenn ihr nur die liebt, die euch lieben,
was tut ihr da Besonderes?"

Menschen, die nur brav sind aus Angst vor Strafe,
werden die Liebe Gottes kaum erahnen.
Sie meinen, ein Gott, der sich alles gefallen läßt,
sei ein Schwächling und ein Freibrief
für Unmoral und Bosheit.

Solange ich gefangen bin vom Denken der Gesellschaft,
in der die Polizei für Recht und Ordnung sorgen muß,
kann ich die verwandelnde Kraft der Liebe nicht erkennen
und nicht an sie glauben.
Erst wenn mir aufgeht,
daß ich genauso wie die Folterknechte damals
angewiesen bin auf Gott,
daß er mich so nimmt, wie ich bin,
so gut und so schlecht,
erst wenn mir klar ist, daß sich Gott auch von mir
viel, – alles „gefallen lassen muß",
erst dann erahne ich die Größe Gottes.

Dann kann seine Liebe mich verwandeln,
so daß auch ich Feinde lieben
und mir mehr gefallen lassen kann.

GEBET

Herr,
du bist nicht ausgewichen vor unserer Bosheit.
Du nimmst sie auf dich,
damit wir zur wahren Liebe kommen können.
Erbarme dich unser.

Gekrönt werden

*Jesus wird gekrönt
mit einer Dornenkrone.*

Jeder Mensch braucht das Gefühl,
daß er etwas wert ist, daß er jemand ist.
Ohne Wert, Würde, Ansehen
kann niemand leben.
In diesem Grundbedürfnis
bin ich ganz abhängig von den andern.
Ich habe keinen Wert,
wenn ich nicht einem etwas wert bin;
ich habe keine Würde,
wenn mir niemand zugewendet ist;
ich habe kein Ansehen,
wenn mich niemand ansieht;
ich kann mich selbst nicht kennen,
wenn mich niemand an-erkennt.

Ehre, Würde, Ansehen sind mit meinem Glück
untrennbar verbunden.
Auch hier wird spürbar, was Sünde und Versuchung ist:
wenn ich mir Würden selber zuerkennen
und Ansehen selbst verschaffen will,
die ich mir schenken lassen müßte.

Es gibt das Haben-Müssen
auch im Bereich von Ruhm und Ehre.
Die Geltungssucht
macht mich zu rücksichtslosen Taten fähig.
Die Angst um meinen guten Ruf
läßt mich zum Lügner und Betrüger werden.
Letztlich verliere ich in meiner Geltungssucht
und mit meinen selbstverliehenen Orden

genau das, was ich suche:
echtes Ansehen.

Die Bosheit eines würdelosen Menschen
greift oft zu Waffen, die das Ansehen treffen.
Heimtückisch kann ich den andern treffen, ja vernichten,
wenn ich ihm das Ansehen raube;
dabei kann ich den äußeren Anschein wahren
und mich „korrekt" verhalten.
„Man sagt ja nur" – „Mich geht's ja eigentlich nichts an",
das sind Redensarten,
mit denen wir den Angriff auf das Ansehen anderer starten.
Verleumdung, Spott, Mißachtung
können Menschen in Verzweiflung treiben.
Oft genügt auch schon der Ton der Stimme
und der Blick der Augen,
um andere in der Würde zu verletzen.

Die höchste Würde ist dort zu suchen,
wo einer ganz da ist für die andern.
Das ist die wahre königliche Würde.
Jesus ist ganz da für alle Menschen.
Diese allerhöchste Würde hat er nicht von sich selbst,
auch nicht von den Menschen,
sondern nur von Gott empfangen.
„Nicht ihr habt mich erwählt,
ich habe euch auserwählt!"
Durch seine Würde
bekommen alle Menschen Würde,
weil er alle liebt
und allen Ansehen schenkt,
auch den Sündern.

Durch seine Würde
wird unsere Würdelosigkeit entlarvt.
Wir wollen nicht die Würde,
die uns die Liebe Gottes schenkt,

wir wollen unsere eigene!
Darum wird er entwürdigt und verhöhnt.
Er läßt es geschehen.
So wird die Dornenkrone Zeichen höchster Würde.
Sie ist das Zeichen jener Liebe,
die auch die Feinde liebt.
Wahre Liebe trägt immer eine Dornenkrone.

GEBET

Herr,
du bist der wahre König aller Menschen.
Du gibst dich allen hin;
du hast auch ein Ansehen für die Sünder.
Erbarme dich meiner.

Auf sich nehmen

Jesus trägt das Kreuz.

Kreuz tragen:
die „Kreuzung" von zwei Balken,
von zwei zueinander quer verlaufenden Linien
auf sich nehmen.
Kreuz ist die Tatsache,
daß sich zwei ganz verschiedene Richtungen,
zwei ganz verschiedene Wirklichkeiten,
treffen.
Kreuz ist der Punkt,
in dem die Verschiedenheiten
eins werden:
Waagrechte und Senkrechte,
Mensch und Gott,
Gesetz und Freiheit,
Bosheit und Liebe,
Tod und Leben.

Was wir „von uns aus" an Fähigkeiten,
Trieb, Vernunft und Willen
mit auf die Welt bringen,
was wir aus eigenen Fähigkeiten" leisten,
liegt waagrecht –
auf der Todeslinie.
Wir können diese Todeslinie unseres Daseins
nicht verlassen,
um in das Leben, die Freiheit und die Liebe zu gelangen;
das wäre die Vernichtung unseres Daseins.
Wir können uns nicht selbst erlösen –
nur selbst vernichten.
Wir müssen unsere Todeslinie
kreuzen lassen von der Lebenslinie –
von Gott, vom wahren Leben.
Wir müssen „ins Kreuz kommen."

Wir wollen unsere Probleme
und die Aufgaben des Menschseins
immer „sündig",
das heißt, von uns aus, lösen:
nach dem Prinzip „Entweder-oder",
richtig oder falsch.
Dieses Prinzip hilft nur bei der Besorgung
äußerer Bedürfnisse.
Das Eigentliche, was mein Leben ausmacht,
geschieht nur im „Sowohl-als-auch".

Das Heil, das Glück,
entsteht nicht durch die Verneinung
des Schlechten und des Unvollkommenen,
sondern durch Verwandlung und Veredelung.
Das Böse wird nicht durch Verdrängung überwunden,
sondern durch das Gute, das es kreuzt.
Erst wenn ich ja sage zu meiner Sünde,
kann sie vergeben werden.
Erst wenn ich ja sage
zu meiner Schwäche und zu der des anderen,
werden das gegenseitige Ertragen
und die Liebe möglich.
In der Bejahung meiner Unzulänglichkeit
wird erst die Vollendung durch die andere Kraft,
durch Gott, die Liebe, möglich.
Ich muß beides anerkennen: Gut und Böse,
Unkraut und Weizen,
– in mir selbst;
nur dann kann es am Ende
eine reiche Ernte geben.
Gott selber wird das Böse von mir trennen.

Wir wollen immer Reinkulturen:
Glück ohne Leid,
Freude ohne Schmerz,
Lust ohne Reue.

Wir sträuben uns von vornherein dagegen,
daß Glück im Leid entstehen kann.
Wir wollen eine kreuzungsfreie Lebensbahn.
Anders gesagt: Wir wollen selbst bestimmen,
was uns begegnen soll und darf,
und dann versuchen wir dem auszuweichen,
was uns nicht entsprechen könnte.
Oder wir „schalten ab" und „drehen durch"
vor dem, was unausweichlich auf uns zukommt.
Mancher will sich lieber selbst vernichten,
als daß er sich durchkreuzen ließe.

Gleichzeitig spüre ich die Wahrheit:
„Wer allem Kreuz davonläuft, rennt unter seine Wucht"
(Pfarrer von Ars).

Wenn ich mein Leben selbst bewahren will,
werde ich es verlieren.
Ich muß mich riskieren,
damit ich ins Leben komme.
Ich muß mich kreuzen lassen
von dem, was ganz persönlich auf mich zukommt.
Ich muß mein Kreuz, die vielen Kreuzungen,
auf mich nehmen, täglich neu,
dann komme ich ins Leben
und zu mir selbst.

In Jesus ist uns Gott begegnet.
Er kreuzt unsere Bahnen,
in denen wir nach eigenem Maßstab
das Leben planen und bestimmen wollen.
Die Fülle des Erbarmens und der bedingungslosen Liebe
durchkreuzt das Menschendenken,
das nur Gesetze gelten läßt.
Wer den Gesetzesmechanismus stört,
muß sterben nach dem Gesetz.
Er hat es auf sich genommen.

GEBET

Herr,
die Wege deiner grenzenlosen Liebe
sind für uns unbegreiflich.
Sie kreuzen alle Bahnen
unserer Selbstsucht, unserer Bosheit, unserer Sünde.
Du wirst zum Tod verurteilt,
weil du die lieblosen Menschen störst.
Du hast es auf dich genommen.
Erbarme dich meiner.

Sterben

Jesus stirbt in seiner Liebe.
Er stirbt am Kreuz.

In jedem Kreuzungspunkt
geschieht Vereinigung;
aus dem Vorherigen wird etwas völlig Neues,
das nicht mehr isoliert
auf einer Linie liegt.
Das Alte muß gekreuzigt werden,
damit Neues daraus werden kann.
In der Kreuzung liegt der Nullpunkt,
von dem her und auf den hin
die Linien gemessen werden können:
Anfang und Ende, Alpha und Omega.

Kreuzigung ist für mich etwas Negatives,
weil ich auf das fixiert bin,
was zu Ende gehen muß.
Ich hänge an dem, was ich habe und besitze.
Ich meine immer:
Ich *muß* das Alte haben,
ich darf es nicht verlieren,
sonst ist meine Arbeit ganz umsonst gewesen.
Je stärker dieses Haben-Müssen ist,
desto schrecklicher ist der Gedanke an das Ende.

Gewiß bin ich bereit für etwas Neues,
aber nur wenn es zu mir, zum Alten, paßt
und wenn ich auf das Alte nicht verzichten muß.
Gerne will ich auferstehen,
wenn ich nur zuvor nicht sterben muß!
Ich baue dauernd an Umgehungsstraßen,
damit ich nicht hinein muß
in die Kreuzung und in die Kreuzigung.

So ist es bei den kleinen wie auch bei den großen
Problemen meines Lebens.

Ich möchte, daß es „immer aufwärts" geht.
Dies ist nur möglich, wenn es Höhen gibt *und* Tiefen,
höchste Punkte und auch tiefste.
Das Kreuz ist immer beides,
es ist der Punkt, an dem das Alte
ganz erfüllt wird von dem Neuen.

Der Tod Jesu ist der Punkt,
an dem er unser Menschsein samt unserer Sünde
– das heißt einfach: unser Menschsein, wie es ist –
ganz in sich aufgenommen hat.

Menschen sind „Töter";
sie töten, wenn sie mit ihren Plänen
und nach ihren Plänen überleben wollen;
sie merzen aus, wenn etwas nicht in ihr Konzept paßt.

Jesus suchte nicht die Aus-einander-setzung
mit den Menschen;
er hat sie angenommen
und ist mit ihnen eins geworden.
Er hat sich auf Menschen eingelassen,
die ihn töten werden;
er ist nicht geflohen,
als sie ihn vernichten wollten.

Jesus „mußte" sterben,
nicht weil Gott Gefallen fand
an grauenvollen Opfern,
sondern weil er grauenvolle Menschen liebte.
Weil er wahrhaft liebte,
liebte er sie bis zum letzten,
bis zum Tod am Kreuz.
Eine größere Liebe gibt es nicht.

So entsteht das Paradox des Kreuzes,
das wir verstandesmäßig nie begreifen.
Der Verstand kann nur in Linien denken,
„nur bis zur nächsten Kreuzung".
Wo die Liebe Gottes
gekreuzt wird von unserem Menschsein,
strömt seine Liebe ein in unsere Unvollkommenheit.
Dort entsteht der „neue Mensch,
der aus Gott geboren ist".
Wir dürfen hoffen,
daß uns in jedem Kreuz des Lebens
Gott begegnet.
Dies gilt auch für das letzte Sterben,
wenn das Verwesliche zu Ende ist.
Gott ist in jeder Kreuzigung.
Gott ist in jedem Sterben.

Das Kreuz Jesu
ist die Garantie für unsere Hoffnung.
Die Kreuzigung, die Jesus freiwillig erlitt,
ist der Beweis, daß Liebe stärker ist als Tod und Sünde
und daß wir vereint sind mit dieser Liebe,
von der uns nichts mehr trennen kann.

GEBET

Herr,
in deiner Kreuzigung
hast du uns restlos angenommen.
Du hast uns geeint mit dir,
so daß wir nie mehr verloren und vereinsamt sind.
Erbarme dich meiner.

Auferstehen

Jesus ist auferstanden von den Toten.

Auferstehung ist das Neue,
das im Tod, in jedem Tod entspringt.
In diesem Neuen ist das Alte völlig aufgenommen.
Was im Bereich des Sterblichen geschah,
bleibt ewig gültig und lebendig.
Doch ist das Neue nicht die Verlängerung des Alten;
Ewigkeit entspringt nicht aus dem Sterblich-Zeitlichen,
sie nimmt das zeitliche Geschehen in sich auf.

Deshalb sind auch die üblichen Methoden,
mit denen der Verstand das Alte, das Sterbliche begreift,
nicht geeignet, um das Neue zu erfassen.
Das leere Grab will nicht Beweis sein
für die Wiederbelebung eines Leichnams;
es will zeigen, daß nunmehr alles Alte,
sofern es sterblich und vergänglich war,
nicht mehr gilt und nicht mehr wichtig ist.

Der Auferstehungsleib ist nicht mehr stofflich
wie unser Körper,
und die Frage, ob und wie – chemisch/physikalisch –
das Verwesliche im Unverweslichen verschwindet,
muß letztlich offen bleiben.
Diese Frage ist an sich auch sinnlos,
weil sie dem Versuch entspringt,
das Neue auf eine Art und Weise zu begreifen,
mit der wir nur Vergängliches erfassen können.

Hilfreich ist nur die Erfahrung,
daß unser Leib schon jetzt
mehr ist als der Stoff, als die Materie,
mit der er sich gestaltet hat.

Ich kann den Auferstandenen nicht erkennen,
wenn ich meine irdischen Bahnen
nicht von ihm durchkreuzen lasse.
Ich muß mich von ihm ergreifen und verwandeln lassen.
Wer dem Auferstandenen begegnet,
ist hernach nicht mehr derselbe;
die Begegnung mit dem Auferstandenen
ist wieder eine Kreuzung und eine Kreuzigung,
bei der der alte Mensch verwandelt wird.

Es bleibt uns nicht erspart,
den Tod mit allen seinen Schrecken auszuleiden;
wir müssen ganz hinein ins Grab.
Bei der Berührung mit der Osterbotschaft
entstehen zunächst Schrecken und Entsetzen.
Die Frauen laufen fort vom Grabe Jesu;
sie sind noch nicht bereit für die Begegnung.

Wenn ich dem Auferstandenen begegnen will,
darf ich zunächst nicht fragen:
Wer ist der Auferstandene – an sich?
Ich muß vielmehr fragen:
Wer ist der Auferstandene – für mich?
Erst aus der Berührung
kann die Erkenntnis kommen.
Dies gilt ganz allgemein in unserem Leben:
Was der andere ist und wer der andere ist,
das erfahre ich erst in der Begegnung.
Was einer ist, wer einer ist,
wird nicht durch Titel,
äußere Macht und Geld entschieden,
sondern durch die Liebe,
in der sich Menschen alles werden können.

Jesus war vor seinem Tode
für seine Jünger einfach alles:
der Inhalt ihres Lebens, ihre Hoffnung, ihre Begeisterung.
Er war ihre Mitte, ihr Halt und ihr Zusammenhalt.

Er hat sie geeint.
Durch seinen Tod ist zunächst alles aus.
Ratlosigkeit, Angst, Furcht und auch Verzweiflung
sind bei den Jüngern anzutreffen.
Da tritt er in ihre Mitte
und eint sie neu.
Das Frühere ist bei weitem überboten.
Die einende Kraft der Liebe Jesu
ist nicht mehr gebunden
an die Stofflichkeit des alten Körpers.
Die Kraft und seine Liebe sind die alten,
doch in völlig neuer Daseinsweise.
Dieses neue Dasein
verändert zugleich auch die Jünger:
Jesus lebt nicht mehr getrennt
und nur *mit* ihnen,
er lebt *in* ihnen,
und zugleich leben sie in ihm.

Der Auferstandene hat die Kraft zu einen;
er eint die Jünger, sein Volk: die Kirche.
Er eint mich, wo ich entzweit bin mit den andern,
mit Eltern, Kindern, Gatten,
wenn ich un-eins mit mir selber bin.
Er eint mich, wenn ich einen lieben Menschen
durch den Tod verlieren muß.
In ihm,
in der Kraft der wahren Liebe,
finde ich die Toten wieder
und kann neu mit ihnen leben.

Bei aller Willigkeit zu glauben
bleibe ich als Mensch im Hier und Jetzt
auf meine Sinne, auf sinnenhafte Zeichen angewiesen.
Wo und was sind die Zeichen,
in denen ich das Unverweslich-Ewige erleben kann?
Die Emmausjünger erkannten den geliebten Meister

auch nicht so einfach, wie wir einander kennen.
Ihr Erkennen fand erst statt
im Zeichen des gebrochenen Brotes,
nachdem die Schrift von ihm erschlossen war.
Dies ist auch für uns der Weg,
der zur Begegnung führt
und zu unserer Einigung.

GEBET

Herr,
du bist auferstanden
und hast deine Jünger neu geeint
mit dir und mit sich selbst.
Du hast sie erleben lassen,
daß der Tod nicht tötet.
Gib mir Anteil an deiner Herrlichkeit.

Platz haben

Jesus ist aufgefahren in den Himmel
und sitzet zur Rechten des Vaters.

Auf unserer Erde finden wir Menschen letztlich
keine Ruhe.
Ruhe und Zufriedenheit kann ich nur dort erfahren,
wo ich daheim bin,
wo ich weiß: Hier gehöre ich hin,
hier werde ich nie vertrieben,
hierher kann ich immer kommen.
Es ist schrecklich, wenn Menschen kein Zuhause haben,
wenn sie fliehen müssen
und nichts mehr haben,
wohin sie kommen können.
Und doch bleibt jedes irdische Zuhause
bestenfalls ein Vorgeschmack von dem, was ich ersehne.
Hier gibt es nur Augenblicke des Daheimseins.
Dauer ist auf dieser Welt nicht möglich.
Was diese Welt uns bietet,
wird nie als das erfahren,
wonach ich mich im tiefsten Herzen sehne.

Die Versuche,
diese Welt zur Heimat zu gestalten,
scheitern letztlich immer – im großen wie im kleinen.
Es bleibt nur die Enttäuschung
und die Erkenntnis, daß wir auf Erden Fremde bleiben.
Die Enttäuschung treibt manchen dazu,
daß er verzweifelt fragt:
Bin ich nur geboren,
um zu erleben, daß es das nicht gibt,
wofür ich mich geboren fühle?
Diese Enttäuschung wird durch den Glauben
zu einer neuen Einsicht:

– Ich kann mir meine Heimat, mein Zuhause
nicht mit den eigenen Händen bauen.
Das liegt nicht in dem Bereich,
über den ich selbst verfüge.
Ich muß mir meinen Platz und mein Zuhause
schenken lassen.

„Ich gehe hin, euch eine Wohnung zu bereiten,
dann komme ich und hole euch,
damit ihr dort seid, wo ich bin."
Das ist Jesu Himmelfahrt.
Er geht nicht zum Vater,
um nur selbst dorthin zu kommen,
wovon er ausgegangen ist,
und um die Herrschaft über alles zu empfangen.
Er geht hin mit unserem Menschsein,
das er in seiner Kreuzigung ganz in sich aufgenommen hat.
Er geht hin und bringt das Menschsein mit.
Er holt uns nach,
damit wir bei ihm Heimat finden,
den Platz, nach dem wir uns im tiefsten sehnen.
Mag sein, daß wir dies noch nicht akzeptieren können,
weil wir so stark in Unfreiheit und Egoismus leben.
Vielleicht brauchen wir noch großen Leidensdruck,
damit uns das Lassen leichter fällt
und sich unsere Sehnsucht läutert.

„Himmel" ist die Nähe Gottes,
„Himmelfahrt Jesu"
ist der sinnenfällig und lebendig dargestellte
Richtungsweiser,
der Antwort gibt
auf jede Frage nach dem Wohin.
Ich brauche nicht mehr ziellos umherirren auf dieser Welt.
Mein Leben wird zur Pilgerschaft;
ich bin unterwegs
zu einem festen Ziel,

und jede Freude, jedes Glück
wird mir zum Rastplatz auf diesem Weg.

Wir können dieses Ziel nicht in der Klarheit sehen,
in der wir unsre Welt erkennen.
Auch Lukas will uns nicht glauben machen,
der Himmel sei geographisch-physikalisch „oben".
Die Wolke, die verhüllt und zugleich auch enthüllt,
ist Zeichen für die geheimnisvolle Nähe Gottes,
die wirklich ist,
auch wenn sie durch die Methoden unserer Wissenschaft
nicht erschlossen werden kann.

Nur auf den Höhepunkten unseres Lebens,
in den Augenblicken unseres Glücks,
da enthüllt die Wolke Gottes Nähe,
die uns das Ziel erahnen läßt.
Es ist meine Not,
daß ich gierig nach dem greifen möchte,
was sich mir im Augenblick des Glücks enthüllt.
Dadurch zerstöre ich den Augenblick
und zugleich die glückliche Erinnerung,
von der ich hier auf Erden leben könnte,
bis mir der Tod die größere Klarheit bringt.

Himmelfahrt Jesu
bedeutet schließlich beides:
Er ging voraus, um uns zu zeigen,
daß und wo wir unsere Heimat haben.
Und zugleich bleibt er da,
jedoch verborgen für unsere Augen.

Jesus „sitzt zur Rechten Gottes".
Er hat über alles
die Herrschaft und das Gericht bekommen.
Um diese Sätze zu verstehen,
dürfen wir nicht die Erfahrung

von menschlicher Justiz und Macht zum Maßstab machen.
„Christus herrscht" bedeutet:
Die letzte Macht, der alles unterworfen ist,
ist die Macht der Liebe;
nichts kann sich ihr entziehen.
Wem Christus Vollmacht gibt,
der ist beauftragt,
seine Liebe bei den Menschen zu verkünden.
„Christus richtet" heißt:
Er macht alles „richtig",
er heilt die Schäden unserer Sünde.
Die Liebe ist der Maßstab der Gerechtigkeit,
und nicht mehr das Gesetz.
Mir braucht nicht bang zu sein,
wenn mich Gott durch Christus „richtet".

Mein Leben wird erfüllt von Hoffnung:
ich habe eine Heimat und ein Ziel.
Er ist es selbst.
Und er geleitet mich,
damit ich dieses Ziel erlange.

GEBET

Herr,
du hast uns einen Platz bereitet
und uns Heimat gegeben am Herzen Gottes.
Alles, was geschieht,
untersteht der Herrschaft deiner Liebe.
Gib mir Anteil an deiner Herrlichkeit.

Geist empfangen

Jesus gibt uns seinen Geist,
den Geist Gottes.

In unserem Leben wirken Kräfte,
die wir nicht selbst erzeugen können;
wir haben nur die Möglichkeit, sie einzulassen.
Diese Kräfte bestimmen uns zu Taten,
die wir selbst von uns oft nicht erwarten.
Das geschieht im Guten wie im Bösen.
Geist und Ungeist,
Liebe und Egoismus,
das sind zwei Seelen in unserer Brust.

Der Ungeist ist die Sucht,
das Lebensglück selbst zu bestimmen und zu vollbringen:
haben müssen, nicht dienen wollen, hassen und entzweien,
rücksichtslos den eigenen Interessen Raum verschaffen –
daran kann man ihn erkennen.

Gott hat den Ungeist nicht erschaffen;
er ist „da",
wo die Liebe Gottes nicht gewollt und angenommen wird.
Es gehört zum Wesen aller wahren Liebe,
daß sie nicht zwingt.
Andrerseits ist es das Wesen der vernünftigen Geschöpfe,
daß sie in Freiheit
auf Liebe Antwort geben können.
Auch die Freiheit, in der ich auf die Liebe Antwort gebe,
ist selber eine Gabe jener Liebe,
die ich empfangen habe.

Liebe macht erst frei;
ohne Liebe gibt es nur das Müssen.
Die bösen Mächte entstehen im Vakuum der Liebe.

Der Geist ist's, der lebendig macht.
Er bringt mir Freude, Liebe, Glück und Hoffnung,
wenn ich ihn wirken lasse.
Er selber rührt mich an
und öffnet mich.
So ist auch das Wirken-Lassen
nicht meine Leistung, sondern seine Gabe.
Er vertreibt die Finsternis
und erwärmt die Herzenskälte;
er bringt das Harte, Vertrocknete zum Fließen
und macht es wieder fruchtbar.

Wasser, Feuer, Wind,
Zungen, Brot und Taube
sind die Symbole,
durch die die unsagbare Wirklichkeit des Geistes
Ausdruck findet.

Der Geist geht in mich ein
und durchdringt mich.
Er macht aus mir den neuen Menschen,
der aus Gott geboren ist.
Mein Menschsein wird zum Schauplatz Gottes,
wenn mich sein Geist erfüllt.
Mein ewiges Ziel rückt in meine Gegenwart;
ich brauche nicht mehr zu warten auf mein Ziel,
das Ziel kommt mir entgegen.
Gott ist entgegen-kommend
im Heiligen Geist, den er uns sendet.

Dadurch wird mein ganzes Sein verändert:
Ich bin den Zwängen und den Ängsten dieser Welt
nicht mehr ausgeliefert und verhaftet.
Zwar lebe ich noch in der Welt und für die Welt,
aber nicht mehr von der Welt.
Meine Heimat ist der Himmel,
und diesen Himmel habe ich schon auf Erden.

Geistsendung wird mir bewußt,
wenn ich vom Geist ergriffen werde.
Das Innewerden von Gottes Nähe
verändert mich
und gibt mir neue Fähigkeiten.
Der Geist Gottes ist mein Anwalt;
er macht bekannt,
daß Gott mich so liebt, wie ich bin.
Dadurch werde ich frei und fähig,
daß ich die andern – und mich selbst –
so nehme, wie sie sind.

Was Gott an mir vollbringt,
was ich durch seinen Geist erlebe,
kann ich nun weitergeben
in der Kraft desselben Geistes:
Weil ich getragen bin,
kann ich auch andere tragen.
Weil ich in Schuld geliebt bin,
kann ich auch meine Feinde lieben.
Weil ich Frieden habe,
kann ich andern Frieden geben.
Ich lebe, doch nicht ich;
Christus, sein Geist und der des Vaters,
lebt in mir.

Durch die Be-geisterung
kommen auch die vorhandenen Fähigkeiten
zur Entfaltung und zur Reife.
Sie stehen nicht mehr im Zusammenhang
von Sünde und von Egoismus;
sie stehen nun im Dienst der Liebe.
Mein Reden und mein Tun
werden durch den Geist zum Wort und zur Tat Gottes.
Durch mich wirkt Gott nun in der Welt.
Durch mich wird seine Kirche auferbaut;
sie ist das Zeichen für das Heil der Menschen.

GEBET

Herr,
du sendest deinen Geist,
damit du selbst in mir lebendig wirst
und mich von der Krankheit meiner Sünde heilst.
Gib mir Anteil an deiner Herrlichkeit.

Aufgenommen werden

Maria, der erlöste Mensch,
wird aufgenommen in den Himmel.

Immer wieder kommt unser Osterglaube
durch die praktische Gewohnheit unseres Lebens
in die Krise.
Ich bin von früh bis spät gezwungen,
mich mit irdischen Problemen zu befassen.
Die meisten Aufgaben des Alltagslebens
muß ich mit meiner Kraft
und mit dem Maßstab der Vernunft bewältigen.
Dadurch werde ich verleitet,
nur mehr das als „realistisch" zu betrachten,
was ich mit dem Verstand begreifen kann.
Die Glaubenswahrheit erscheint mir oft nicht realistisch
im Vergleich zu dem, was ich täglich zu besorgen habe.

Wenn ich dann plötzlich mit der Wirklichkeit des Todes
konfrontiert bin,
kann ich nicht mehr aus;
ich muß mich den Realitäten stellen.
Hier gibt es nur zwei Möglichkeiten:
Entweder suche ich zu vergessen,
was nicht mehr zu ändern ist,
verdränge und versuche nicht mehr zu denken,
oder es gelingt der Überschritt
in jene höhere Realität,
die alles Irdische bei weitem übersteigt.

Im ersten Fall ist mit dem Tode alles aus,
im letzten Fall ist nur etwas zu Ende.
Wenn ich Tote zu beklagen habe, bleibt mir nur die Wahl:
Entweder vergesse ich die Toten,
oder ich lebe neu mit ihnen weiter.

Wenn ich mit den geliebten Toten weiterlebe,
muß ich mich von vielem lösen,
was mir lieb und teuer war.
Das Unverwesliche, das Eigentliche,
geht nie verloren,
wenn ich nicht resigniere und verdränge.
Sterben kann nur das Sterbliche.
Der Verlust ist auch die Chance,
daß ich in neuer Weise das empfange,
was ich verloren habe.
Das Neue liegt in der Beziehung,
die ich zu dem Verlorenen gewinne.
Auch das ist „Wirklichkeit".

Der Gedanke an den Tod
ist deshalb schrecklich,
weil ich das, was ich im Tod verliere,
für unablösbar halte von dem Geliebten.
Ich identifiziere den *Leib* des Menschen
mit seinem Körper.
Solange wir leben,
ist das Problem der Unterscheidung nicht akut.
Beim Sterben wird die Frage unausweichlich:
Was ist der Mensch? Was ist der Leib?

Wir sind gewohnt, nach philosophischem Modell,
den Menschen in Leib und Seele einzuteilen
und dabei den Leib ganz einzuordnen
in den Bereich des Stofflich-Sterblichen.
Dies ist nicht ganz richtig:
Leib ist mehr als Stoff.
Solange wir leben,
verwirklicht sich der Leib im Stofflichen,
er selbst ist aber nicht Materie.
Ein Händedruck, ein Kuß, eine Umarmung,
das gute Wort, der liebevolle Blick,
die freundliche Be-Handlung

sind nicht Materie,
sind physikalisch nicht erfaßbar.

Was „Leib" ist, kann man schwerlich definieren;
nur im lebendigen Vollzug wird sichtbar,
was gemeint ist.
„Mit Leib und Seele in den Himmel aufgenommen" heißt:
Das Eigentliche geht im Tod nicht unter.
Es geht nichts verloren von dem, was ich erlebe
in meiner körperlichen Lebensphase
und in der meiner Lieben.
Das Problem des Todes ist nicht die Verwesung,
sondern die Trennung vom Verweslichen.
Alles, was an Liebe
ganz praktisch erfahren und verwirklicht wurde,
ist aufgenommen in das Leben,
das den Tod nicht kennt.

Die Aufnahme Mariens in den Himmel zeigt,
daß Auferstehung nicht beschränkt ist auf Jesus,
den „Erstgeborenen von den Toten".
Auferstehung ist das Schicksal aller,
die in seine Liebe aufgenommen sind.

Die Frage nach dem toten Körper
von Jesus und Maria
wird letztlich offen bleiben müssen.
Sie kann es auch;
denn diese Frage ist nicht wichtig,
wenn man sieht, daß Auferstehung nicht abhängt
von Verwesung.
Auch wenn der tote „Körperstoff" verwest,
ist das Eigentliche, das den Menschen ausmacht,
nicht der Verwesung preisgegeben.
Gott erweckt die Toten *aus* dem Staub – schon jetzt.
Bei Gott geht nichts verloren.
Wir sehen uns alle wieder,
auch wenn wir das Wie nicht wissen können.

GEBET

Maria,
du bist aufgenommen in den Himmel,
in die Nähe Gottes.
Für dich gilt unsere Schranke
von Raum und Zeit nicht mehr.
Bitte für mich.

Vollendet werden

Maria wird durch Gott vollendet,
„gekrönt im Himmel".

Unser Leben
ist ganz auf Erfolg und Leistung eingestellt.
Wir kämpfen um die Lohngerechtigkeit:
Jeder soll die Früchte seiner Arbeit genießen.
Wir wollen leben,
wir wollen nichts geschenkt,
wir wollen ein Recht auf unseren Wohlstand.
Dieses Denken und dieses Bedürfnis
bestimmt die äußeren Bereiche des sozialen Lebens.
Falsch wird dieses Denken dann,
wenn es auf den inneren Bereich
und auf das eigentliche Leben übertragen wird.
Das Geschehen der Liebe,
das Geschehen zwischen Gott und Mensch
kann man nicht wie Lohn und Leistung,
Recht, Pflicht und Anspruch
in den Griff bekommen.

Gott „belohnt" nicht wie die Unternehmer.
Er belohnt den, der bei ihm arbeitet,
den andern aber auch,
schon deshalb, weil er sein Kind ist
und weil er sich seiner Liebe nicht verschließt.
Bei Gott brauche ich nur „empfänglich zu sein",
ich brauche nur die Hand aufzuhalten,
dann bekomme ich schon meinen Lohn.
Das ist eine Zumutung für alle Leistungsmenschen,
die sich „ihren" Himmel „ehrlich verdienen" wollen.
Diese Leistungstypen leben in dem Wahn,
ihre knappe Leistung berechtige zu einem Anspruch
auf unendlich viel – auf den Himmel.

Dennoch muß ich fragen:
Was ist zu tun, damit ich in das Leben komme?
Die Antwort ist zunächst ganz einfach:
Tu das Deine,
halte die Gebote und Du wirst leben.
Doch der „reiche Jüngling" spürt genau,
daß das Gebote-Halten nicht genügt;
deshalb fragt er weiter:
„Was fehlt mir noch?"
Jetzt erfährt er die eigentliche Forderung:
„Verkaufe alles – folge mir!"
Und das geht über seine Kräfte.

Auch an vielen anderen Stellen in der Bibel
stellt Jesus Forderungen,
die ich bei bestem Willen nicht erfüllen kann:
Feindesliebe, denen Gutes zu tun, die mich hassen –
die ganze Bergpredigt zeigt diese Über-Forderung.
Selbst das Gebot der Liebe
ist schon eine Überforderung;
ich kann nicht lieben auf Kommando,
weder Gott, noch meinen Nächsten, noch meine Feinde.

Ich kann nur dann lieben,
wenn mich der andere liebt,
dort etwas geben, wo auch ich empfange.
Aber das ist nach Jesu Worten nichts Besonderes;
das tun alle, auch die Heiden.
Jesus hilft uns weiter:
Gewiß soll ich „empfangend" sein,
aber ich soll keinen Lohn erwarten;
ich soll nichts *bekommen,* sondern etwas *werden.*
Sohn des Allerhöchsten – Kind Gottes –
soll ich werden.

Wenn ich mich Gott öffne,
wenn ich empfangend bin

und an mir geschehen lasse, was Gott tut,
dann macht er mich zu seinem Kind,
zu seinem Erben,
und reicht mir die Krone seiner Herrlichkeit.
Wo ich zu Ende bin,
da ist der Ansatz seiner Herrlichkeit,
die mich vollendet.

Wenn ich offen bin für Gott,
ist auch das Problem von Lohn und Leistung
weggewischt;
er wirkt in mir und bewirkt das,
was ich aus eigenen Kräften nicht vermag.

Wir sehen Maria als die sündelos Empfangene.
Ihr Dasein entspringt ganz dem Willen Gottes
und nicht der Absicht und dem Wollen von Menschen.
Sie ist die ganz Offene für Gott,
die ihn empfängt in eigener Absichtslosigkeit.
Sie läßt Gott handeln
und sich selbst „durchkreuzen",
ein Leben lang.

So wie ihr Anfang,
so ist auch ihr Leben und ihre Vollendung
das Werk der Liebe Gottes,
der sie sich hingegeben hat.
An Maria sehen wir,
was Gott am Menschen tut,
der sich ihm hingibt.

Alles ist Gnade.
Auch Hingabe ist Gnade;
denn unser Ja zu Gott
wird erst in der Erfahrung der Liebe möglich.
Gott liebt uns „zuerst".
Er kommt uns immer wieder neu entgegen,
damit wir dieses Ja vollziehen können.

GEBET

Maria,
du Gekrönte,
deine Herrlichkeit ist das Werk der Liebe Gottes,
die durch deine Hingabe
voll zur Entfaltung und Vollendung kam.
Bitte für mich.

Maria – Mutter Gottes – Muttergott

Marienfrömmigkeit und Marienverehrung ist ein wesentlicher Bestandteil der katholischen Tradition des Christentums. Oft wird Maria als die „heimliche Göttin" der Katholiken bezeichnet, und tatsächlich enthält die Praxis der Marienverehrung manche „göttliche" Momente. Für viele Menschen hat die Marienfrömmigkeit praktisch mehr Bedeutung als die Christusfrömmigkeit, wenngleich immer betont wird: „durch Maria zu Jesus".

Auf dem Hintergrund heutiger feministischer Theologie wird der eigentliche Inhalt des Marienkultes deutlich und erfaßbar: Maria ist nicht die Göttin, die dem Gott zur Seite steht; in Maria offenbart sich vielmehr die Weiblichkeit und Leiblichkeit unseres Gottes, der eben nicht nur „Vater" ist, sondern auch „Mutter". Bevor Gott „Mensch" wird, verliebt er sich in ein Mädchen, das ganz auf diese Liebe eingeht (vgl. „Mir geschehe", S. 13). So wird Maria die erste Station im irdischen Offenbarungsgeschehen der Liebe Gottes zum Menschen und zur ganzen Schöpfung.

Wenn ich ein Geschöpf liebe, dann verwirkliche ich mich selbst in diesem Geschöpf und finde darin meinen Ausdruck. In der Geschlechterliebe kann der Mensch reifen in Richtung androgyner Vollkommenheit. Die Seinsvollkommenheit des Menschen liegt in der Kontrastharmonie von Männlich und Weiblich. Und diese mit ewiger Lebenskraft (und Zeugungskraft) erfüllte Harmonie des Geschöpfes hat ihren Ursprung in Gott. Man kann sich Gott abstrakt als geschlechtslosen Ursprung von allem vorstellen oder konkret als Vater-Mutter-Gott, nie aber nur als Vatergott.

Die feministische Theologie versucht die weiblichen Momente des biblischen Gottesbildes herauszustellen, die in einem patriarchalisch bestimmten Bewußtsein nicht oder zu wenig Beachtung fanden. So kommt heute zur Sprache, was im Gespür herkömmlicher Marienfrömmigkeit immer schon enthalten war: Unser Gott ist auch unsere Mutter. Und die Mütterlichkeit unseres Gottes (das bedingungslose Erbarmen) ist praktisch das Hauptmotiv, das uns bewegt zur Rückkehr ins Urvertrauen und in die Geborgenheit totaler Liebe. Natürlich gibt es auch „ungesunde" Auswüchse der Marienfrömmigkeit. Aber Fehlformen können die Wahrheit und Richtigkeit der Grundform nicht widerlegen. Wir Menschen können alles Vollkommene nur unvollkommen erfassen, erleben und verwirklichen. In unseren Unvollkommenheiten ist aber die Ahnung des ewig Vollkommenen enthalten, die uns immer wieder bewegt, nach dem Vollkommenen zu streben, auch wenn wir es nicht erreichen, und alles Unvollkommene in Kauf nehmen müssen.

In der Dogmatik findet die Weiblichkeit und Mütterlichkeit Ausdruck im Jungfrau-Mutter-Symbol: Die junge Frau, die empfängt und gebärt (Jes 7, 14). Das Bedeutsame an diesem Symbol ist die Gleichzeitigkeit von Jungfrau (junger Frau, junger Fraulichkeit) und Mutter (Mütterlichkeit). Es ist völlig abwegig und führt zu sinnlosen Fragen und Vorstellungen, wenn man die Aussage des Jungfrau-Mutter-Symbols biologisch erfassen und darstellen will. Darin liegt ja gerade die Kraft des Symbols, daß es eine Wirklichkeit zur Darstellung und Mitteilung bringt, die unsere weltliche (exoterische) Logik nicht erfassen kann. Nur in mystischer (innerlich schauender) Denkweise wird der Zugang zum Jungfrau-Mutter-Symbol möglich. Man könnte dieses Symbol vielleicht so erläutern:

„*Jungfrau*" ist „Realsymbol" für Weiblichkeit, Leiblichkeit, junge Fraulichkeit (Mädchenhaftigkeit). Das „ewig Weibliche", das uns „hinanzieht" (Goethe) und fasziniert – nicht nur die Männerwelt. Dieses Ewig-Weibliche wird in unserer Welt zerstört durch den Konsum und die Konsumsexualität. Dennoch lebt in aller Pornographie immer noch eine versteckte Sehnsucht nach dem Ewig-Weiblichen.

„*Mutter*" ist „Realsymbol" für Mütterlichkeit und Geborgenheit in bedingungsloser Liebe. Die „nährende Brust" gönnt und gewährt Dasein und Leben. Bei der „Mutter", an ihrer Brust , wird alle Angst verwandelt in Vertrauen: Die Lebensangst (des Sünders, des „fremd" Gewordenen) wird zurückverwandelt in Urvertrauen.

„*Jungfrau-Mutter*" ist das „Idealsymbol" für Gott, der uns als Vater-Gott schon, wenn auch einseitig bewußt ist. Von Gott können wir, wie schon gesagt, nur geschlechtslos-abstrakt denken oder konkret als Vater-Jungfrau-Mutter-Gott: der sich in Väterlichkeit, junger Fraulichkeit und Mütterlichkeit offenbart und aus-wirkt.

Unsere Marienfrömmigkeit könnte eine Vertiefung erfahren, wenn uns mehr bewußt würde, daß wir in der „Mutter Gottes" auch die jung-frauliche Mütterlichkeit unseres Gottes verehren, an der Maria durch ihr Jawort in besonderer Weise Anteil gefunden hat. Von dieser Gedankentiefe her fällt auch ein neues Licht auf den Begriff vom „eingeborenen Sohn Gottes", der geboren ist „vor aller Zeit" aus der Väterlichkeit und Mütterlichkeit Gottes und in der Zeit aus der „jungen Frau" Maria (fernab aller biologischen Untersuchung!).

Unter dem Titel „Stationen des Glaubens" ist vom selben Autor im *impuls studio, München* auch eine Dia-Serie erschienen mit Bildern aus dem Psalterium Mariae von Meister Alanus de rupe (1483).